DALAI LAMA

Zuflucht zur Geduld

DALAI LAMA

Zuflucht zur Geduld

Worte für alle Tage

DIEDERICHS

Die Bilder dieses Buches stammen von Christoph Quarch

Mix
Produktgruppe aus vorbildlich bewirtschafteten Wäldern und Recyclingholz oder -fasern
FSC
www.fsc.org Zert.-Nr. SGS-COC-004980
© 1996 Forest Stewardship Council

Verlagsgruppe Random House FSC-DEU-0100
Das für dieses Buch verwendete FSC-zertifizierte Papier *Galaxi Keramik* liefert Sappi, Schweiz

Redaktion: Elisabeth Liebl
Umschlaggestaltung: Weiss/Zembsch/Partner: Werkstatt/München
Motiv: PATRICK DURAND/CORBIS SYGMA
Druck und Bindung: Polygraf Print, Presov
Printed in Slovak Republic
ISBN 978-3-424-35009-8

Weitere Informationen zu diesem Buch und unserem gesamten lieferbaren Programm finden Sie unter www.diederichs-verlag.de

Inhalt

Vorwort

Seine Heiligkeit, der 14. Dalai Lama, ist das spirituelle Oberhaupt der Tibeter. 1935 im Nordosten Tibets geboren, wurde er mit zwei Jahren als Wiedergeburt des 13. Dalai Lama anerkannt. Man brachte ihn nach Lhasa, wo er 1940 inthronisiert wurde. 1959 musste er aus Tibet fliehen und lebt seitdem im Exil. 1989 erhielt er den Friedensnobelpreis und ist seitdem als Verfechter des Friedens in aller Welt bekannt.

Der Name des Dalai Lama, Tenzin Gyatso, bedeutet »Ozean der Weisheit« und tatsächlich betont der Dalai Lama stets die Wichtigkeit lebenslangen Lernens. Auch nach seiner Ausbildung in buddhistischer Philosophie und Meditation blieb Tenzin Gyatso der Erforschung des menschlichen Potenzials verpflichtet. Dieses Potenzial zeigt sich in einer unserer wesentlichen Eigenschaften, der Geduld.

Die Geduld gehört im Buddhismus zu den transzendenten Tugenden, zu jenen psychologischen Faktoren also, deren Entwicklung uns der Vollendung unseres Potenzials näher bringt. Warum ist das so? Weil die Geduld das wichtigste Gegenmittel gegen eine der hauptsächlichen Trübungen unseres klaren Geistes ist, gegen den Zorn nämlich. Geduld ist wie ein Schild, der bewirkt, dass wir uns von Äußerungen oder Handlungen anderer gar nicht erst verletzt fühlen. Auf diese Weise entwickeln wir uns zu einem Menschen, der in der Lage ist, anderen nicht zu schaden. Doch damit sind die segensreichen Auswirkungen der Geduld noch keineswegs erschöpft. Werden wir nicht oft ungeduldig, wenn wir meinen, in unserem Streben nach Vervollkommnung nicht schnell genug voranzukommen? Hier schützt die Geduld uns vor uns selbst. Sie ist Ziel und Weg zugleich.

Wenige Menschen hatten in ihrem Leben so viel Gelegenheit, Geduld zu üben, wie Tenzin Gyatso, der heute noch auf die Befreiung seines Landes wartet. Seine Lehren, hier als Lebensweisheiten für den Alltag präsentiert, bieten uns eine einzigartige Gelegenheit, mit unseren besten Seiten in Kontakt zu kommen. Möge dieses Buch dazu beitragen, dass möglichst viele Menschen Glück und Freiheit vom Leiden erlangen. Möge es uns helfen, dieses Ziel aktiv anzustreben. Oder – wie der Dalai Lama selbst gerne zum Abschluss seiner Vorträge sagt:

Solange der Raum besteht und die fühlenden Wesen
in ihm,
möge ich im Daseinskreislauf verweilen,
um das Leiden der Welt zu lindern.
(Shantideva)

Elisabeth Liebl

Januar

1

Der entscheidende Schlüssel zum Glück ist, mit dem zufrieden zu sein, was man im Augenblick ist und hat. Diese innere Zufriedenheit verändert Ihren Blick auf die Dinge, sodass Ihr Geist in Frieden verweilen kann.

2

Ob wir in der Lage sind, die Qualitäten von Liebe und Mitgefühl zu entwickeln und unseren Geist entsprechend umzuwandeln, hängt in erster Linie von der Kraft unserer Entschlossenheit ab. Um diese zu wecken und zu stärken, sollten wir den Blick nach innen wenden.

3

Wer sich sagt, dass er seine Ziele erreichen kann, wird unweigerlich Erfolg haben.

4

Das einzig Wichtige ist letztlich, dass wir für andere da sind und das Glück, das hieraus entsteht, genießen können. Denn Mitgefühl für andere Wesen ist die höchste aller menschlichen Tugenden.

5

Die Vorstellung, dass Menschen als Individuen frei zusammenleben, vom Grundsatz her gleich und daher füreinander verantwortlich sind, stimmt im Wesentlichen mit den buddhistischen Grundprinzipien überein.

6

Da die Objekte unserer Sinneswahrnehmung sich ständig verändern, sind sie nicht dauerhaft. Daher sollten wir nicht versuchen, sie festzuhalten.

7

Vergessen Sie nicht, dass zwei einander entgegengesetzte Zustände nicht zur gleichen Zeit in unserem Geist existieren können. Wenn Sie also auf jemanden wütend sind, bemühen Sie sich, ihm gegenüber eine wohlwollende Geisteshaltung zu entwickeln. Wenn Ihnen dies gelingt, haben Sie den Zorn aus Ihrem Geist vertrieben, denn Zuneigung ist das Mittel der Wahl gegen Wut und Ärger.

8

Wir alle kennen das Gefühl grenzenloser Zuneigung, das sich auf spontane und natürliche Weise zwischen Mutter und Kind einstellt. Ohne diese Zuwendung könnten wir Menschen nach der Geburt nicht überleben. Dieses Gefühl lebt in allen Menschen. Aus diesem Grund sind wir zur innigen Liebe fähig.

9

Nichts besteht für sich allein. Alles entsteht aus Ursachen und Bedingungen, die wiederum voneinander abhängig sind.

10

Wir sollten weder anderen noch uns selbst schaden. Wenn wir uns selbst nicht leiden können, können wir auch anderen nichts Gutes tun! Wir sollten uns klarmachen, dass wir alle uns wünschen, glücklich zu sein, und dass dieser Wunsch gerechtfertigt ist.

11

Wie wollen wir Frieden in der Welt schaffen, wenn wir uns nicht einmal bemühen, die Natur zu achten?

12

Mitgefühl ist eine tief empfundene Hinwendung zu all jenen, die leiden – ohne Unterschied. Es entsteht aus dem starken Wunsch, anderen zu helfen.

13

Es ist von entscheidender Bedeutung, dass spirituelle Meister ihre Lehren auf die Neigungen und geistigen Fähigkeiten der Schüler abstimmen, wie Shakyamuni Buddha dies zu seiner Zeit tat. Schließlich ernähren Sie sich ja auch anders als Ihr Nachbar. Jeder isst so, wie es seiner körperlichen Konstitution entspricht. Derselbe Grundsatz gilt für die Aufnahme geistiger Nahrung.

14

Geistesgifte wie Illusion, Gier und Aggression verursachen fast jedes nur erdenkliche Leid auf der Erde.

15

Wir sollten uns selbst genauestens untersuchen und unseren Wunsch nach innerer Wandlung und Studium hegen und pflegen. Unser Verstand wird uns helfen, diese positive Einstellung zu entwickeln und unsere Weisheit wird mit ihr wachsen.

16

Lassen wir den Geist weit werden, sodass unser Mitgefühl alle Wesen umfasst.

17

Am wichtigsten bei der Erziehung ist es, Kindern zu zeigen, dass alles auf der Welt miteinander in Verbindung steht, damit sie ein klares Bewusstsein für die Folgen ihres Denkens und Tuns entwickeln können.

18

Unser Körper ist unbeständig, flüchtig und vergänglich. Doch dies vergessen wir häufig, weil wir an ihm so sehr hängen. Viele Menschen, die sich dieser Tatsache bewusst werden, empfinden darüber großes Leid. Doch wenn wir uns klarmachen, wie die Dinge tatsächlich sind, können wir viel leichter akzeptieren, dass nichts eine eigenständige Existenz besitzt.

19

Sobald wir auf dem spirituellen Weg eine gewisse Wachsamkeit entwickeln, wächst auch unser Gewahrsein des gegenwärtigen Moments. Dies spiegelt sich in all unseren Aktivitäten wider, vor allem aber in unserem Verhalten anderen Menschen gegenüber.

20

Wer das Wohlergehen anderer über sein eigenes stellt, erschließt sich eine unerschöpfliche Quelle von Mut und Entschlossenheit.

21

Die Art, wie wir die Welt sehen, ist ein Produkt unseres Geistes. Jeder Mensch sieht die Welt anders. Das beweist die Tatsache, dass ein und derselbe Gegenstand für den einen Menschen schön, für den anderen hässlich ist.

22

Der Mensch ist grundlegend gut. Trotzdem wird er mitunter von störenden Emotionen umgetrieben, die er bei entsprechender geistiger Klarheit in seinem Geist beobachten kann.

23

Unser geistiges Leiden erweist sich häufig als stärker als alle körperlichen Probleme. Wenn der Geist ruhig und heiter ist, kann ein körperlich kranker oder armer Mensch trotzdem glücklich sein, obwohl er unter schwierigen Bedingungen lebt. Zumindest bewirkt seine Einstellung, dass ihn seine Probleme nicht überwältigen.

24

Wir können unseren negativen Emotionen erst dann ein Ende setzen, wenn wir uns neben der Entwicklung positiver Emotionen auch um Weisheit und Einsicht bemühen.

25

Jeder von uns muss lernen, nicht nur für sich, seine Familie und sein Land zu arbeiten, sondern für das Wohl der gesamten Menschheit. Universelle Verantwortung ist der Schlüssel zum Überleben der Menschheit.

26

Verlieren Sie keine Zeit mit Eifersüchteleien oder Streit. Meditieren Sie über die Vergänglichkeit, damit Ihnen die Kostbarkeit des Lebens wieder bewusst wird.

27

Wir sollten ständig prüfen, wie wir tatsächlich zu anderen stehen und uns auf diese Weise einer wachsamen Kontrolle unterziehen. Wenn wir feststellen, dass wir falsch handeln, sollten wir uns sofort korrigieren.

28

Der buddhistischen Psychologie zufolge rühren all unsere Schwierigkeiten aus unserem leidenschaftlichen Wunsch nach Dingen, die wir fälschlich als dauerhaft ansehen.

29

Manchmal ist die zugrundeliegende Motivation für die karmischen Folgen wichtiger als die Handlung selbst.

30

Als Mensch, der in der Tradition des Mahayana-Buddhismus erzogen wurde, glaube ich, dass Liebe und Mitgefühl der moralische Stoff sind, aus dem der Weltfrieden besteht.

31

Wahre Liebe fußt nicht auf Anhaftung, sondern auf Altruismus. In diesem Fall bleibt Ihr Mitgefühl bestehen, solange die Wesen leiden, weil es Ihre zutiefst menschliche Reaktion auf das Leiden ist.

Februar

1

Die Gier, der keine Zügel angelegt werden, macht den Geist des Menschen zum Sklaven. Sie lässt ihm keine Sekunde Ruhe, denn ständig strebt er danach, möglichst täglich Bedingungen zu schaffen, welche ihn in den Besitz der begehrten Sinnesobjekte versetzen.

2

Wenn wir uns ruhig und aufrechten Herzens für etwas einsetzen, können wir im Laufe unseres Lebens Beachtliches vollbringen.

3

Den Moment des Sterbens in vollkommenem Frieden zu erleben ist Ziel einer Übung, bei der die Praktizierenden sich auf tiefes Mitgefühl, auf die Beziehung zu ihrem Meister oder auf Leerheit und Vergänglichkeit konzentrieren, was dazu führt, dass sie unter positiven Umständen wiedergeboren werden.

4

Unser Glück ist abhängig vom Glück der anderen. Aus diesem Grund ist es so wichtig, alles zu tun, damit andere Lebewesen glücklich sind.

5

Unterschiedsloses, spontanes, grenzenloses Mitgefühl für alle fühlenden Wesen ist natürlich nicht dasselbe wie die Liebe, die wir unserer Familie und unseren Freunden gegenüber empfinden. Dies ist von Unwissenheit, Sehnsucht und Anhaftung geprägt. Die Art von Liebe, um die es eigentlich geht, ist weniger angespannt, sodass man sogar Menschen liebt, die einen verletzt haben, unsere Feinde beispielsweise.

6

Wir nehmen Vergangenheit und Zukunft ungeheuer wichtig. Wir leben, als wäre beides ständig da. Daher vergessen wir, im Augenblick zu leben. Dabei ist das Leben im gegenwärtigen Augenblick das Allerwichtigste.

7

Im Buddhismus wird Ethik so definiert: für das Wohlbefinden der Wesen arbeiten, ihnen weder Unrecht noch Schaden zufügen. Dies ist die Grundlage für eine Haltung des Nicht-Schaden-Wollens, des Mitgefühls und der Liebe allen anderen Wesen gegenüber.

8

Ob wir nun Buddhisten sind oder nicht, wir können ja ruhig einmal darüber nachdenken, ob es das Ich, das in unseren Gedanken vorkommt, tatsächlich gibt.

9

Normalerweise nehmen wir die Natur der Dinge falsch wahr. Der Unterschied zwischen dem, was wirklich ist, und dem, was wir wahrnehmen, ist die Quelle unserer Leiden.

10

Erfahrung, Beobachtung, medizinische Erkenntnisse und nicht zuletzt unser gesunder Menschenverstand sagen uns, dass ein friedvoller Geist, der nicht von starken Emotionen aufgewühlt wird, ein harmonischeres und friedvolleres Leben ermöglicht.

11

Im Buddhismus beurteilt man eine Haltung danach, welche Wirkung sie hervorruft.

12

Obwohl wir durchaus viele Gründe finden mögen, dass wir einen Weg religiöser Wahrheit einem anderen vorziehen, so finden sich doch weit mehr Gründe für deren grundlegende Einheit, die im menschlichen Herzen wurzelt.

13

Meditation und Kontemplation helfen uns, die Gegenwart besser zu begreifen. Wir lernen, gelassen im Augenblick zu leben und uns von dem, was wir mögen oder ablehnen, nicht so sehr aus der Fassung bringen zu lassen.

14

Wir neigen dazu, Ereignissen nur eine einzige Ursache zuzuordnen. In der Folge geben wir uns die größte Mühe, diese Ursache herbeizuführen oder auszulöschen, je nachdem, ob wir das Ergebnis wünschenswert finden oder nicht. Diese Haltung zeigt, dass wir das Prinzip der wechselseitigen Abhängigkeit von Wesen und Erscheinungen nicht verstanden haben.

15

Häufig geschieht es, dass Menschen in befriedigenden materiellen Umständen leben, trotzdem aber kein Glück erfahren, denn egal, wie viele Mittel wir besitzen, unsere innere Situation lässt sich nur dann verbessern, wenn wir an unserem Geist arbeiten.

16

Wenn wir uns der Meditation widmen, reinigen wir unseren Geist und sammeln Weisheit an.

17

Um unseren Geist zu verändern, müssen wir nicht unbedingt einer Religion angehören. Dieser Weg steht allen Menschen offen, ob sie nun gläubig sind oder nicht.

18

Dass wir als Buddhisten völlige Befreiung vom Leid erreichen wollen, heißt nicht, dass wir unsere äußeren Daseinsumstände vernachlässigen könnten. Denn wenn unsere Lebensumstände positiv sind, können wir anderen Wesen leichter helfen.

19

Wenn wir unseren Geist umwandeln, lernen wir, die Welt so zu sehen, wie sie im gegenwärtigen Augenblick ist, ohne sie zu interpretieren. Unsere Projektionen und Vorstellungen bestimmen nicht mehr länger unsere Wahrnehmung.

20

Natürlich fordert im Alltag der Beruf unsere ganze Aufmerksamkeit, doch das hindert die Menschen gewöhnlich nicht daran, sich zu amüsieren, spazieren zu gehen oder in den Urlaub zu fahren. Wenn Sie also tatsächlich den Wunsch hegen, sich zu wandeln, werden Sie auch die dazu nötige Zeit finden.

21

Wir sollten in uns eine Art spontanes Mitgefühl wachsen lassen, das ins Grenzenlose geht.

22

Wer unter günstigen äußeren Bedingungen lebt, jedoch einen von störenden Emotionen aufgewühlten Geist hat, kann nicht glücklich sein.

23

In den buddhistischen Schriften steht geschrieben, dass unsere Weltsicht das Ergebnis der karmischen Eindrücke ist, die wir im Laufe unzähliger Lebenszeiten angesammelt haben. Die Welt, wie wir sie sehen, ist also Frucht der karmischen Erfahrungen, die unser Bewusstsein während unserer Lebenszeiten gemacht hat.

24

Am Ende des 20. Jahrhunderts stellen wir fest, dass die Welt immer kleiner wird. Die Völker der Welt sind fast schon eine Gemeinschaft, da viele Probleme, die uns bedrohen, uns alle betreffen: Überbevölkerung, Umweltprobleme, schwindende natürliche Ressourcen. Um mit den Herausforderungen unserer Zeit fertig zu werden, müssen wir Menschen meiner Ansicht nach einen stärkeren Sinn für universelle Verantwortung entwickeln.

25

Der Buddha erkannte, dass Glück im Leben das höchste Ziel ist. Er sah, dass Weisheit frei macht, während Unwissenheit uns in endlosem Leiden verhaftet bleiben lässt.

26

Das Empfinden von Leiden im Geist, zu dem auch die Emotionen rechnen, ist ein untrügliches Zeichen dafür, ob Ihr Leben in die richtige oder falsche Richtung geht.

27

Wenn wir über die Vergänglichkeit meditieren, lernen wir, die wahre Natur des Leidens zu durchschauen. So sind wir den Ursachen und Bedingungen, die in unserem Leben negative Folgen zeitigen, nicht mehr ausgesetzt. Wir entwickeln stattdessen geistigen Frieden.

28

Aus der Unwissenheit, die unser Leben beherrscht, entstehen Verlangen, Hass, Eifersucht und Begehren sowie sämtliche negativen Emotionen, die unseren Geist unterjochen und ihn so lange in Unfreiheit halten, bis wir die Erleuchtung erlangt und uns von allem Leid befreit haben. Darüber sollten wir nachdenken, damit wir uns von dieser grundlegenden Verwirrung frei machen können.

März

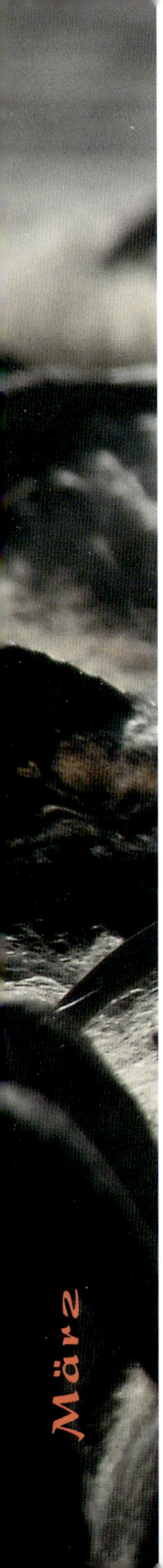

1

Liebe und Mitgefühl vertreiben jede Lebensangst, denn sobald wir diese beiden Qualitäten des Geistes entwickeln, wächst unser Selbstvertrauen und die Angst schwindet.

2

Mitgefühl für sich selbst hat nichts mit Egoismus zu tun, denn mit »alle Lebewesen« sind auch wir gemeint.

3

Innere Wandlung braucht Zeit und muss mit nahezu wissenschaftlicher Methodik angegangen werden. Zunächst einmal müssen wir die Emotionen beobachten, die unseren Geistesfrieden stören, und dann die passenden Gegenmittel auswählen, um unser Ziel zu erreichen. Wir müssen wissen, wie wir uns aus dem Würgegriff der störenden Emotionen befreien können, wenn wir das Erwachen erlangen wollen.

4

Wenn wir uns die Tatsache bewusst machen, dass kein Wesen Leid erfahren möchte, ergreift uns eine große Zuneigung zu unseren Mitgeschöpfen, eine tiefe Liebe, die spontan in unserem Geist entsteht.

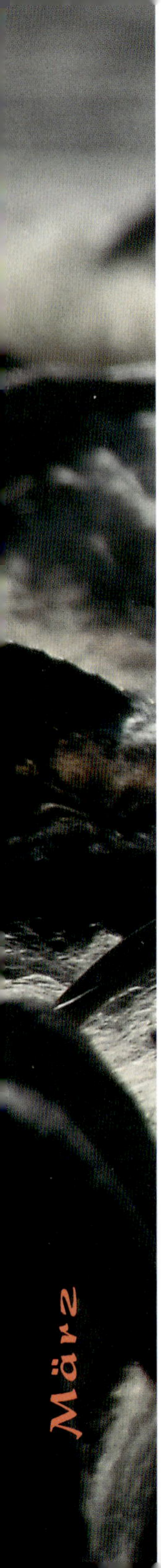

5

Manchmal fühlen wir uns angesichts des Wunsches, allen Lebewesen helfen zu wollen, ohnmächtig und glauben, dazu nicht in der Lage zu sein. Doch es ist wichtig, sich nicht entmutigen zu lassen und weiter positiv zu handeln, denn nur so entwickelt sich in uns die Fähigkeit zu echtem Mitgefühl, das uns geistigen Frieden bringt.

6

Das Wichtigste für ein Leben in Glück und Zufriedenheit ist ein ruhiger Geist.

7

Der Buddha gründete die Institution des Sangha, der klösterlichen Gemeinschaft. Man strebte nach der individuellen Freiheit, die sich in der Erleuchtung oder dem Erwachen zeigte, und zwar durch das Mittel der Meditation. Die Alltagsbeziehungen aber fußten auf den Geboten der Großzügigkeit, Rücksichtnahme und Freundlichkeit. Streitigkeiten wurden durch einvernehmliche Beschlüsse beigelegt. So kann der buddhistische Sangha als Modell für soziale Gerechtigkeit gelten.

8

Jede spirituelle Tradition stellt uns bestimmte Mittel zur Verfügung, damit wir unseren Geist verändern können, unabdingbar notwendig ist das aber nicht. Aus ebendiesem Grund spreche ich häufig von einer »weltlichen Ethik«, die alle Wesen einschließt, Gläubige und Nicht-Gläubige.

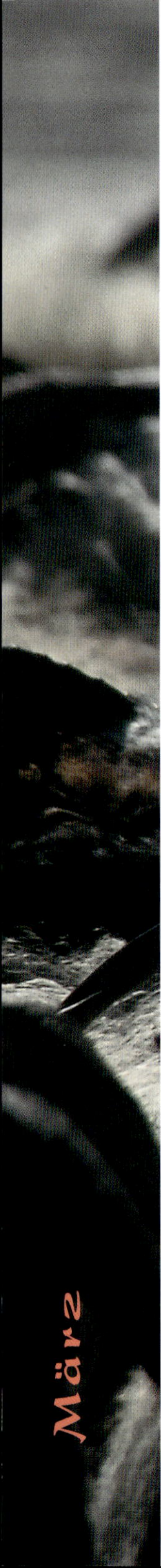

9

Hass, Anhaftung und Eifersucht versetzen unseren Geist in Unruhe und hindern ihn, anderen Wesen mit Gleichmut zu begegnen.

10

Leiden ist weder sinn- noch nutzlos, sondern das Ergebnis unseres Karmas. Karma ist das Gesetz von Ursache und Wirkung, das den Kreislauf der Wiedergeburten beherrscht.

11

Wahre Liebe hängt nicht von besonderen Umständen ab und erwartet keine Gegenleistung.

12

Wir alle wünschen uns Glück. Diesen Wunsch zu akzeptieren und die Voraussetzungen für unser eigenes Glück zu schaffen, bilden eine gute Grundlage, um unsere Haltung auf andere auszudehnen. Wenn wir also das Bodhisattvagelübde ablegen und damit geloben, allen Wesen zur Erleuchtung zu verhelfen, müssen wir diesen Wunsch zuerst auf uns selbst anwenden.

13

In der Vergangenheit wurde das Aussprechen der Wahrheit häufig als wenig realistische Option betrachtet, in den letzten Jahren aber zeigt sich immer deutlicher, dass im menschlichen Geist eine unendliche Kraft liegt, die am Ende auch die Geschichte zu formen vermag.

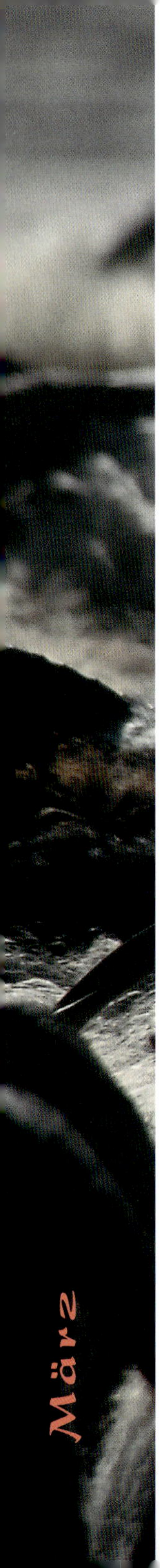

14

Innerer Friede wirkt sich auch positiv auf unsere körperliche Gesundheit aus.

15

Wenn wir mit dem Leid anderer konfrontiert sind, kann es geschehen, dass wir selbst unglücklich werden und uns vom Leid überwältigen lassen, was unsere eigenen Schwierigkeiten noch verstärkt. Dieses Empfinden aber hat mit Mitgefühl nichts zu tun.

16

Die Liebe, welche die Mutter mit dem Kind verbindet, entsteht nicht aus leidenschaftlicher Anhaftung. Die Mutter erwartet nichts von ihrem Kind. Sie fühlt sich für das Kind verantwortlich und möchte ihm alle Freude und alles Wohlsein der Welt verschaffen.

17

Geduld heißt, dass Sie die Fähigkeit besitzen, ruhig und unerschütterlich zu bleiben, wie die Umstände sich auch immer entwickeln mögen. Wenn Sie Zuflucht zur Geduld nehmen können, kann nichts und niemand Ihren geistigen Frieden stören.

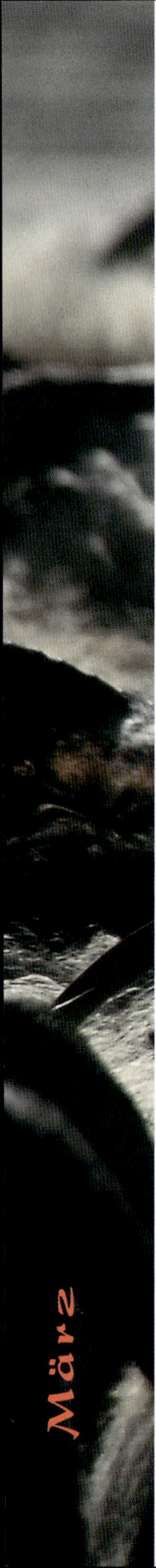

18

Um die Kraft ihres Mitgefühls zu stärken, rezitieren Buddhisten Tag für Tag folgendes Gebet: »Möge ich fähig sein, den Wesen zu helfen, sich vom Leiden und seinen Ursachen zu befreien und die Ursachen und Bedingungen des Erwachens zu schaffen.«

19

Echte Freundschaft beruht auf dem Gefühl der gegenseitigen Nähe, auf der Bereitschaft, miteinander zu teilen.

20

Wut, Hass und Abneigung brauchen ein Objekt, damit sie fortbestehen können, so wie das Feuer Holz braucht, um brennen zu können. In schwierigen Situationen, zum Beispiel wenn jemand Sie schädigt oder provoziert, sollten Sie die Kraft der Geduld einsetzen, um sich nicht von »negativen« Emotionen mitreißen zu lassen.

21

Jeder Einzelne ist wichtig, doch verglichen mit allen Wesen zählen wir nicht viel.

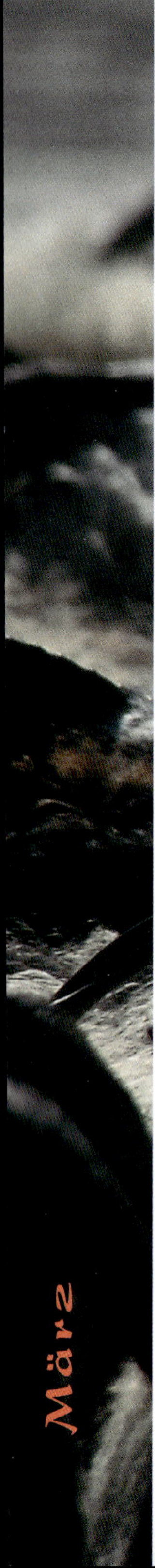

22

In unserer demokratischen Gesellschaft, in der wir uns vieler Freiheiten erfreuen, spielen die Medien eine enorm wichtige Rolle. Sie sollten versuchen, sich für die Werte der Menschlichkeit einzusetzen, und dabei möglichst objektiv bleiben.

23

Das Prinzip der wechselseitigen Abhängigkeit der Wesen und Erscheinungen lehrt uns, dass wir ständig mit den anderen, der Natur und dem Kosmos verbunden sind.

24

Allgemein gesagt gibt es zwei Formen von Glück und Leid: geistiges und körperliches.

25

Der Buddha ließ nie einen Zweifel daran, dass seine Schüler nicht einmal seine Lehren unbesehen glauben sollten. Er schlug ihnen vor, sie zu prüfen, wie der Goldschmied die Qualität des Goldes prüft, das er einkauft.

26

Wenn wir auf ein Problem stoßen, ist es wichtig, dass wir dieses in seinen wahren Dimensionen sehen. Wenn es eine Lösung gibt, sollten wir sie unverzüglich anwenden. Gibt es aber keine Lösung, dann hat es keinen Sinn, sich zu beunruhigen, weil wir damit nur unsere negativen Gefühle verstärken. Warum also sollten wir uns über unser Problem aufregen?

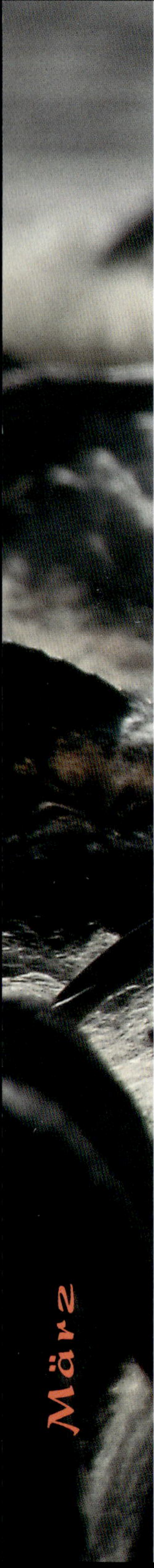

27

Durch Meditation und Analyse erkennen wir Schritt für Schritt, dass zwischen unserem Geist und dem, was ihn gewöhnlich umtreibt, ein Unterschied ist. Dies hilft uns, den Geist zu zähmen.

28

Als Mensch wiedergeboren zu werden ist eine recht seltene Angelegenheit. Wir sollten unser Potenzial also so effektiv und klug wie möglich nutzen.

29

Ich betone immer wieder, wie wichtig es ist, den Geist zu schulen, um Leid besser ertragen zu lernen und so dauerhaftes Glück zu erlangen.

30

Wissenschaft und Technik sind in der Lage, uns nahezu unbegrenzten materiellen Komfort zu bescheren. Die jahrtausendealten spirituellen und menschlichen Werte, die unsere Zivilisation in all ihren verschiedenen Formen geprägt haben, können sie allerdings nicht ersetzen.

31

Die Welt von heute fordert von uns, die Einheit des Menschengeschlechtes zu akzeptieren.

April

1

Wir verhalten uns, als könnten wir unsere Lebensumstände nach Belieben wechseln wie ein Kleidungsstück. Stets übersehen wir, dass nichts Bestand hat und nichts aus sich selbst heraus existiert. Vor allem aber vergessen wir, dass wir jeden Moment sterben können.

2

Der Dialog ist der einzig vernünftige und intelligente Weg, Differenzen beizulegen und beim Aufeinanderprallen verschiedener Interessen zu vermitteln.

3

Wir sind voneinander abhängig. Das bedeutet, dass wir für unser Denken, unser Leben, ja für die geringste unserer Handlungen verantwortlich sind. Schließlich beeinflussen wir damit den Rest des Universums.

4

Wenn es Ihnen schwierig erscheint, anderen zu helfen, versuchen Sie doch, sich als intelligenter Egoist zu verhalten. Anderen Gutes zu tun schafft schließlich positive Beziehungen und günstige Umstände, die Ihnen am Ende selbst zugute kommen werden.

5

Um angemessen handeln zu können, müssen neben den verschiedenen Methoden zur Entwicklung von Mitgefühl auch Einsicht und Weisheit angestrebt werden.

6

Wahrheit ist der beste Garant und die einzig wirkliche Grundlage von Freiheit und Demokratie. Es ist nicht von Belang, ob Sie stark oder schwach sind und ob Ihre Sache viele oder nur wenige Anhänger hat: Die Wahrheit wird siegen.

7

Die Veränderung unserer geistigen Gewohnheiten ist die Grundlage für die Umwandlung unseres Geistes sowie der Handlungen, die aus unserer inneren Haltung erwachsen.

8

Gibt es irgendwo ein Ich? Meditation und Analyse ermöglichen uns, zwischen der Person, die ein Gefühl (wie Eifersucht, Zorn, Hass) empfindet, und dem Gefühl selbst zu unterscheiden. Schritt für Schritt erkennen wir so, was sich in unserem Inneren tatsächlich abspielt.

9

Wir sollten unser Glück auf Dauer sicherstellen. Unsere Sorgen kurzfristig zu zerstreuen ist nicht schwer. Wir können ein frisch gezapftes Bier trinken und werden durch den Alkohol fröhlich. Doch diese trügerische Fröhlichkeit vergeht wieder, die Sorgen bleiben.

10

Der Buddhismus ist letztlich eine praxisorientierte Lehre. Er nimmt sich des fundamentalen Problems menschlichen Leidens an, ohne dafür eine einheitliche Lösung zu präsentieren.

11

Da alle Wesen und Erscheinungen voneinander abhängig sind, ist die Welt in steter Veränderung begriffen. Selbst wir verändern uns ständig, weil wir aus Ursachen und Bedingungen entstanden sind.

12

Machen wir uns bewusst, über welch günstige Umstände wir in unserem Leben verfügen.

13

Im Allgemeinen ist es so, dass wir jede Form von Gewalt, die anderen Wesen schadet, vermeiden sollten. Doch es kann auch vorkommen, dass im Einzelfall ein größeres Übel durch ein kleineres vermieden werden kann. Man kann solche Regeln also nie absolut setzen, sondern muss je nach Situation entscheiden. Wir müssen also in jedem einzelnen Fall Wohl und Wehe gegeneinander abwägen, damit so wenig Leid wie möglich entsteht.

14

Es gibt viele verschiedene Religionen, die den Menschen zu Wohlbefinden und Glück anleiten, so wie es für verschiedene Krankheiten verschiedene Arzneimittel gibt. Denn alle Religionen tragen auf ihre Weise dazu bei, dass die lebenden Wesen Leid vermeiden und Glück erlangen können.

15

Wir müssen durch unser eigenes Handeln ein Beispiel geben, denn wir können nicht hoffen, andere nur durch Worte zu überzeugen.

16

Alles ist eine Frage der Motivation, selbst in der Wissenschaft. Setzt man beispielsweise die Errungenschaften der Gentechnik zur Heilung von Krankheiten ein, so können wir uns zu diesen Fortschritten nur gratulieren. Doch sobald wir damit Schaden anrichten, ist jeder wissenschaftliche Fortschritt ein Akt der Gewalt.

17

Einsicht und Weisheit sind unverzichtbar, wenn wir die wahre Natur der Dinge verstehen wollen, die grundlegende Natur unseres Geistes. Eine korrekte Einschätzung dessen, was Sie empfinden oder erleben, ist nur dann möglich, wenn Sie ein Objekt oder eine Situation aus verschiedenen Blickwinkeln betrachten.

18

Brachiale Gewalt, wie brutal sie auch immer angewandt werden mag, kann die menschliche Sehnsucht nach Freiheit nicht unterdrücken.

19

Wir müssen auf das Wohl der gesamten Gesellschaft abzielen. Wenn es dieser gut geht, dann profitieren davon alle, jedes einzelne Individuum und jede Gruppe oder Organisation. Glück entwickelt sich natürlich und automatisch. Wenn die Gesellschaft aber als Ganzes zusammenbricht, an wen wenden wir uns dann, um unsere Rechte einzufordern?

20

Der Wunsch, die inneren Qualitäten von Mitgefühl, Liebe und Toleranz zu entwickeln, sollte stark, grenzenlos und vollkommen frei von irgendwelchen Zwängen sein.

21

Als freie menschliche Wesen können wir unsere einzigartige Intelligenz dafür einsetzen, uns selbst und unsere Welt besser zu verstehen.

22

Alles, was wir in der Abfolge unserer Lebenszeiten je gedacht beziehungsweise getan haben, zeitigt in der Verbindung mit der dahinterstehenden Absicht positive oder negative Auswirkungen.

23

Der edle achtfache Pfad sagt uns, wie wir handeln sollen:
Rechtes Verständnis, rechte Motivation, rechte Rede, rechtes Handeln, rechter Lebensunterhalt, rechtes Streben, rechte Achtsamkeit, rechte Konzentration.

24

Es ist sinnlos, von äußeren Dingen dauerhaftes Glück zu erwarten. Wir müssen vielmehr ein Verständnis dafür erlangen, wie unser Geist arbeitet, um ihn entsprechend umwandeln zu können.

25

Der letztendliche Sinn aller Religionen ist es, den Menschen zu dienen und ihr Wohl zu fördern. Aus diesem Grund ist es von so entscheidender Bedeutung, dass wir mit Hilfe unserer Religion Glück und Frieden für alle Wesen erzeugen, und nicht andere zu bekehren versuchen.

26

Gleichmut bedeutet nicht, dass man anderen gegenüber gleichgültig bleibt oder sich vom Leiden der Wesen nicht rühren lässt. Mit Gleichmut ist vielmehr gemeint, dass man sich allen Wesen gegenüber gleich verhält, ohne die einen zu bevorzugen und die anderen abzulehnen.

27

Meist fehlt es uns im Konfliktfall an ausreichendem Urteilsvermögen und Mut. Wir schenken Situationen, die sich möglicherweise zu Konflikten auswachsen könnten, nicht genügend Aufmerksamkeit, solange sie sich noch in einem Frühstadium befinden.

28

Selbsthass ist eine Form des Hochmuts: Man misst sich an allerhöchsten Maßstäben.

29

Die fünf wesentlichen Hindernisse sind: sinnliche Begierde, Zorn, Faulheit, Ruhelosigkeit und mangelndes Vertrauen.

30

Der Buddhismus geht davon aus, dass jeder Mensch ein Recht auf Würde hat. Und dass alle Mitglieder unserer großen Menschenfamilie das gleiche und unveräußerliche Recht auf Freiheit besitzen, auf die grundlegende Freiheit von Angst und Not.

Mai

1

Das größte Glück erfahren wir, wenn wir ohne Erwartung einer Gegenleistung geben und nicht im Gegenzug Liebe oder Zuneigung fordern. Die Grundlage der Ethik ist stets der Wunsch, anderen nützlich zu sein.

2

Mit dem korrekten Verständnis, wie wir unser Leben führen sollen, erlangen wir Frieden und lassen das tägliche Leiden hinter uns. Dies gelingt nur, wenn wir die Denkweise unseres Geistes verändern.

3

Buddhismus zu praktizieren bedeutet, dass wir unausgesetzt daran arbeiten, uns selbst zu verbessern, indem wir unsere Zeit sinnvoll nutzen.

4

Musik bringt uns mit besonders tiefen Zuständen unseres Geistes in Verbindung.

5

Die Anhaftung an Sinnesobjekte macht den Geist gierig und krank. Viel zu besitzen schenkt keineswegs geistigen Frieden. Denken Sie doch nur an all jene Menschen, deren Wohlstand bis an ihr Lebensende gesichert ist und die trotzdem an Ängsten, Depressionen und Unzufriedenheit leiden, weil sie nur an sich selbst denken können.

6

Alles ist vergänglich. Nur deshalb ist es möglich, dass wir unseren Geist und die ihn aufwühlenden Emotionen umwandeln.

7

Wir alle, Mensch und Tier, sind eng miteinander verbunden, hegt doch jedes Lebewesen den Wunsch, kein Leid zu erfahren und Lebensumstände zu genießen, die Frieden und Wohlergehen begünstigen.

8

Auch das Leiden ist unbeständig, flüchtig und vergänglich und existiert nicht aus sich selbst heraus. Diese Erkenntnis hilft uns, wenn uns schwierige Lebensumstände begegnen, Herausforderungen, denen wir uns stellen müssen.

9

Wenn man gerade erst beginnt, einem spirituellen Weg zu folgen, mag dieses Vorhaben auf den ersten Blick schwierig erscheinen. Allmählich aber gewinnt man an Erfahrung und Schritt für Schritt nehmen unser Wunsch nach spiritueller Entwicklung und unsere Entschlossenheit zu.

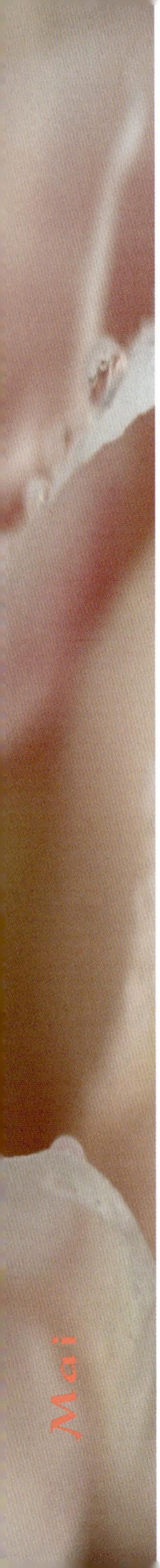

10

Wenn wir verstanden haben, weshalb wir mit unseren störenden Emotionen arbeiten sollen, können wir uns freiwillig dafür entscheiden. Das Verhalten wird uns nicht aufgezwungen. Im ersten Fall können wir uns in der von uns gewünschten Richtung entwickeln, im zweiten werden wir uns wahrscheinlich früher oder später gegen die Regeln auflehnen.

11

Wenn wir nicht gut zu uns selbst sind, können wir auch anderen nicht mit Güte begegnen.

12

Wenn Sie den Frieden des Geistes und des Herzens anstreben, müssen Sie Ihre geistigen Gewohnheiten ändern. Am besten lernen Sie, Ihr Herz nicht an weltliche Güter zu hängen, als ob Sie diese im Augenblick des Todes mitnehmen könnten, denn sonst ergreift im Sterben große Verwirrung Besitz von Ihrem Geist.

13

Wenn Sie merken, dass Sie auf einen Kollegen eifersüchtig sind, der mehr Erfolg hat als Sie, oder dass Sie jemanden beneiden, der etwas besonders Wertvolles besitzt, wandeln Sie diese innere Einstellung um, indem Sie das richtige Gegenmittel zu ebendieser negativen Emotion finden. Im eben geschilderten Fall würde man versuchen, sich über das Glück des anderen zu freuen.

14

Einsicht und Weisheit verhelfen uns dazu, die grundlegende Natur unseres Geistes und damit die wahre Natur der Dinge zu erkennen.

15

Die lebenden Wesen können nur durch eine Kraft vereint werden: durch die Liebe.

16

Die wechselseitige Verbundenheit ist eines der grundlegenden Prinzipien der buddhistischen Lehre. Alle Erscheinungen, alle Wesen können nicht für sich allein existieren, sondern hängen von anderen Wesen sowie vom Rest der Welt ab.

17

Alle religiösen oder kulturellen Grenzen sollten überwunden werden, damit alle Wesen sich von einer umfassenden Ethik getragen fühlen können, die auf den universellen Prinzipien des Menschseins beruht.

18

Alle Erwachten können den Praktizierenden als Vorbild dienen. Sie inspirieren jene, die sich noch auf dem Weg befinden, sich mehr anzustrengen, damit sie irgendwann einmal ihren Vorbildern gleichkommen und wie diese Mitgefühl und Weisheit entwickeln.

19

Wir können die Welt als fehlerhaft oder als wunderbar betrachten: Alles liegt in unserem Denken.

20

Wenn wir gründlich nachdenken, wird schnell klar, weshalb die Entwicklung von Liebe und Mitgefühl gegenüber anderen Menschen gleichzeitig uns selbst nützt. Und warum wir uns umgekehrt selbst schaden, wenn wir anderen ein Bein stellen. Im ersten Fall gibt es zwei Gewinner. Im zweiten zwei Verlierer.

21

Wir können nicht davon ausgehen, dass irgendjemand schon unsere Probleme lösen wird. Jedem Einzelnen von uns obliegt die Verantwortung, unserer globalen Familie die richtige Richtung zu weisen, und wir haben uns dieser Verantwortung zu stellen.

22

Um Qualitäten wie menschliches Verständnis und ein universelles Verantwortungsgefühl umzusetzen, brauchen wir zuallererst ein gutes, liebevolles Herz.

23

Wir müssen uns stets über die Natur unserer Absichten Rechenschaft ablegen. Wenn unsere Absichten auf Wohlwollen gründen, werden die Handlungen von Körper, Rede und Geist davon bestimmt sein.

24

Ob wir Gerechtigkeit, Harmonie und Frieden erlangen werden, hängt von vielen Faktoren ab. Jedenfalls sollten wir uns eher die langfristige als die kurzfristige Wahrung des menschlichen Wohlstands auf die Fahnen schreiben.

25

Wenn unser Geist vom Zorn geprägt ist, verlieren wir den besten Teil des menschlichen Verstandes: Weisheit, die Fähigkeit, zwischen richtig und falsch zu unterscheiden.

26

Alle Religionen lehren einen Pfad, der zu einem geistigen Zustand des Friedens, der Disziplin, Moral und Weisheit führt. In dieser Hinsicht, glaube ich, teilen alle Religionen im Wesentlichen dieselbe Botschaft.

27

Wenn uns das Gefühl befällt, nie alle Wesen zur Erleuchtung führen zu können, sollten wir Mut fassen und den nächsten Schritt in Angriff nehmen.

28

Politik ohne ethische Grundsätze ist dem menschlichen Wohl nicht förderlich. Ein Leben ohne Moral aber reduziert den Menschen auf die Ebene der Tiere.

29

Die Meditation hilft uns, die Gegenwart besser zu verstehen. Wir lernen, im Augenblick zu leben, ohne uns aus der Ruhe bringen zu lassen.

30

Störende Emotionen verdunkeln unseren Geist. Sie legen sich über seine lichthafte Natur und wir lassen uns von ihnen blenden.

31

Dies sind die vier edlen Wahrheiten: Es gibt Leiden. Das Leiden hat eine Ursache. Von dieser Ursache können wir uns befreien. Es gibt einen Weg zur Beseitigung dieses Leidens.

Juni

1

Vergebung ist aktives Handeln, welches auf Nachdenken gründet und nicht auf Vergessen. Wir übernehmen damit Verantwortung und zeigen, dass wir die wahre Natur der Dinge verstanden und akzeptiert haben.

2

Das eigene Glück ist mit dem der anderen untrennbar verbunden.

3

Wir sollten unser Leben nach echten Werten ausrichten, die unserer Existenz einen Sinn verleihen, und nicht nach vergänglichen weltlichen Vergnügungen, die uns letztlich unserem Sein entfremden.

4

Gelingt es uns, unsere Gier zu zügeln, brechen damit die Ketten der Sklaverei, welche uns Menschen an unsere Lebensumstände schmieden, seien diese nun positiv oder negativ. Auf diese Weise erfahren Herz und Geist Frieden.

5

Die Übung des Mitgefühls ist das Herzstück des buddhistischen Weges. Mitgefühl ist deshalb so wichtig, weil es uns erlaubt, in angemessener Weise für das Wohl der anderen zu arbeiten und so zu handeln, dass wir keine Ursachen für neues Leid für uns und andere schaffen.

6

Ohne innere Abrüstung gibt es keine Abrüstung außen. Gewalt ruft ausnahmslos Gewalt hervor. Ein konfliktfreies Leben voller Heiterkeit kann nur aus dem Frieden des Geistes entstehen.

7

Stellen Sie sich einen Menschen, der nicht so will, wie Sie sich das vorstellen, als Meister vor, der Sie Geduld und Mitgefühl lehrt. Rufen Sie sich diese Übung ins Gedächtnis, wenn Sie sich das nächste Mal in solch einer Situation befinden. Sie werden sehen, dass Ihnen diese Sicht immer leichter fallen wird, wenn erst der erste Schritt getan ist. So entwickeln Sie geistigen Frieden.

8

Die buddhistische Lehre und Praxis zielen darauf ab, das Nirwana zu erkennen, was gleichbedeutend mit völliger Befreiung vom Leiden ist.

9

Vor einigen Jahrzehnten hat sich noch niemand um die Umwelt gekümmert. Bevölkerung und Politiker glaubten gleichermaßen, dass die Ressourcen der Erde unerschöpflich seien. Dies erwies sich als falsch. Seitdem haben die Parteien den Umweltschutz in ihr Programm aufgenommen. Diese Änderung der vorherrschenden Sichtweise gründet sich auf Erfahrungstatsachen.

10

Meditation zeigt uns den inneren Frieden, der bereits in uns wohnt.

11

Bestimmte Wünsche sind sinnvoll und akzeptabel, wenn man einem spirituellen Pfad folgt. Ein Buddhist wird sich beispielsweise wünschen, seinen Geist lenken zu können. Jemand, der an Gott glaubt, hegt den Wunsch, Gottes Gebote zu befolgen. Beides sind sinnvolle Wünsche. Von Wünschen aber, die sich auf Objekte der Außenwelt beziehen, kann dies nicht gesagt werden, da sie Anhaftung und negative Emotionen in unserem Geist verstärken.

12

Das Wichtigste in der Beziehung zwischen Mutter und Kind ist die Zuwendung, die beide verbindet. Die Wissenschaft hat festgestellt, dass Zärtlichkeit, die sich auf der körperlichen Ebene ausdrückt, bei der Entwicklung des kindlichen Gehirns eine enorme Rolle spielt.

13

Vor dem Hintergrund des modernen und sehr aktiven Lebens im Westen mag es manchen Menschen unmöglich erscheinen, am Geist zu arbeiten. Doch hier kommt die Kraft der Entschlossenheit ins Spiel. Sie verleiht den Mut, sich jetzt ohne Zögern ans Werk zu machen, unter welchen Umständen auch immer.

14

Unser Glück oder Unglück wird niemals von einer einzigen Person beziehungsweise Situation verursacht. Wenn wir verstehen wollen, was uns widerfährt, müssen wir uns um eine ganzheitlichere Sicht der Dinge bemühen.

15

Es gibt verschiedene Methoden, Geduld zu entwickeln. Eine davon ist es, sich das Gesetz von Ursache und Wirkung zu vergegenwärtigen.

16

Die Entwicklung der gesamten menschlichen Gemeinschaft beruht darauf, dass die Menschen einander helfen. Wenn wir dieses grundlegende Menschsein einbüßen, wozu sollten wir dann noch nach materiellem Fortschritt streben?

17

Feindseligkeit, Hass, zwanghaftes Denken wirken sich negativ auf den Körper aus und untergraben unsere natürliche Gesundheit. Bewahren wir jedoch eine entspannte Gelassenheit, wenn sich eine Krankheit einstellen will, wird diese an ihrer Entfaltung gehindert.

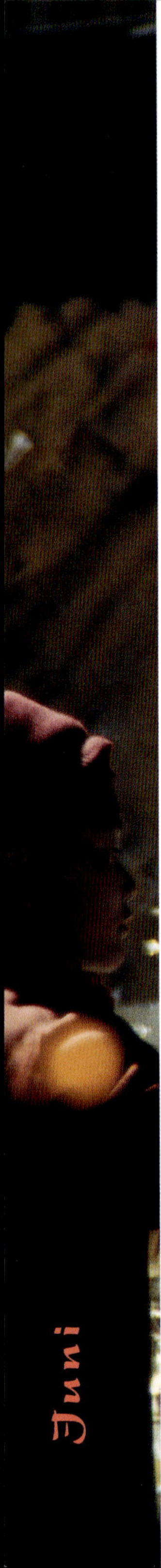

18

Selbstvertrauen und Urteilsvermögen sind wichtig, wenn unser Leben Sinn haben soll.

19

In unserer modernen Gesellschaft wird Ethik eine immer wichtigere Rolle spielen. Anders als früher unterliegt das ethische Verhalten von Persönlichkeiten wie Politikern oder Ärzten, Wissenschaftlern oder Richtern der Kontrolle durch Öffentlichkeit und Medien. Verstöße gegen ethische Normen landen unweigerlich als Nachricht in den Medien. Diese Kontrolle durch die Öffentlichkeit bewirkt, dass Vertreter des öffentlichen Lebens sich ethischer, also weniger heuchlerisch, verhalten müssen.

20

Die buddhistischen Schriften lehren uns, dass in der Abfolge all unserer vorangegangenen Leben alle Wesen schon einmal unsere Eltern waren. Dieser Gedankengang entschärft von vornherein sämtliche Konflikte, die zwischen Menschen auftreten können, und sorgt dafür, dass wir unseren angeblichen Feinden mit einer veränderten Haltung gegenübertreten.

21

Der Großteil aller religiösen Prinzipien ist aus der Beobachtung menschlicher Gefühle und Verhaltensweisen entstanden. Sie wurden formuliert, um die Entwicklung menschlicher Qualitäten wie Mitgefühl, Güte und Freundlichkeit zu fördern.

22

Negative Gedanken und Emotionen verhüllen die wahre Natur unseres Geistes, seine klare Lichthaftigkeit. Sie sind so zahlreich, dass sie uns am Gängelband führen, wenn wir nicht lernen, sie zu meistern.

23

Es ist besser, nicht auf seinen persönlichen Ansichten zu beharren, sondern mit dem Gegenüber in einen Dialog zu treten.

24

Das Verständnis der wechselseitigen Abhängigkeit der Phänomene, das mit Weisheit und Einsicht einhergeht, erweitert unseren Blickwinkel und verhilft uns zu mehr bewusstem Abstand dem Alltag gegenüber.

25

Um eine altruistische Haltung zu vertiefen, scheint mir folgende Übung hilfreich: Ich stelle mir vor, dass ich auf der einen Seite stehe und all die anderen Menschen auf der anderen. Dann frage ich mich: »Wessen Interessen sind wichtiger?« Für mich ist die Frage damit schon gelöst. Denn wie wichtig ich mich auch fühlen mag, ich bin nur ein einzelner Mensch, während die anderen die Mehrheit bilden.

26

Es reicht einfach nicht, wenn man – wie die kommunistischen Systeme dies taten – Menschen nur mit Nahrung, Obdach und Kleidung versorgt. Unsere Natur lässt uns nach dem kostbaren Atem der Freiheit verlangen.

27

Es ist enorm wichtig, dass alle Führungskräfte das Wohl der anderen Wesen im Blick haben und mit Verantwortungsgefühl handeln. Nur so kann sich Frieden in der Welt entwickeln.

28

Menschliche Qualitäten wie Ethik, Mitgefühl, Anstand, Weisheit sind die Grundlage jeder Zivilisation. Diese Qualitäten sollten wir kultivieren und unterstützen. Auf diese Weise kann eine humanere Welt entstehen.

29

Ein besseres Verständnis zwischen den Religionen lässt sich nur schaffen, wenn wir den Glauben des anderen respektieren und die gemeinsame Sorge für das menschliche Wohl herausstellen.

30

Die richtige Praxis zu wählen ist ein ganz wichtiger Punkt, wenn man jene innere Wandlung anstrebt, die zu geistigem Frieden und zur Entwicklung jener Qualitäten führt, die aus uns gute Menschen machen.

Juli

1

Erfreuen Sie sich am Glück der anderen. Auf diese Weise erfahren Sie selbst Freude, wenn anderen etwas Gutes widerfährt.

2

Unser Geist erschafft die Welt, in der wir leben.

3

Wenn uns bewusst ist, dass der Tod jederzeit eintreten kann, können wir jeden Moment des Lebens genießen und in Frieden sterben.

4

Es gibt keine großen und kleinen Akte der Güte. Immer, wenn wir aus Güte handeln, tragen wir unseren Teil zum Frieden in der Welt bei.

5

Warum sollten wir die Sinnesobjekte, die wir im Augenblick erleben, festhalten oder gar besitzen wollen? Sie haben keine eigene Existenz, sondern sind nur Ergebnis des Zusammenkommens einer ganzen Reihe von Ursachen und Bedingungen.

6

Sich in Geduld zu üben bedeutet, dass wir Mitgefühl mit jenen Wesen entwickeln, die uns schaden, ohne ihnen jedoch zu erlauben, dass sie uns vernichten.

7

Das grundlegende Prinzip des Karmas gilt auch für Völker oder Länder. Was meinem Volk in Tibet widerfahren ist, ist Resultat des dort angesammelten Karmas. Was jedoch nicht bedeutet, dass die Tibeter kein Recht auf Einhaltung der Menschenrechte, Achtung ihrer jahrtausendealten Kultur, Philosophie und Religion haben, welche die tibetische Kultur zutiefst prägen.

8

Ich glaube, dass die unmittelbare Ursache unserer gegenwärtigen Probleme in der übermäßigen Konzentration auf den materiellen Fortschritt liegt. Unbewusst beschäftigen wir uns so sehr damit, dass wir vergessen haben, uns um so elementare Bedürfnisse wie Liebe, Freundlichkeit, Zusammenarbeit und Fürsorge zu kümmern.

9

Es gibt verschiedene Arten der Vergänglichkeit: Die Vergänglichkeit auf der »groben« Ebene bezieht sich auf die materiellen Aspekte der Existenz. Die Vergänglichkeit auf der »subtilen« Ebene zeigt sich in jeder Sekunde in uns, um uns herum und in unserem Geist.

10

Eine Religion zu praktizieren heißt nicht einfach nur zu beten. Es geht dabei vielmehr um die Entwicklung positiver Qualitäten wie uneigennützige Liebe, Mitgefühl, Güte, Verantwortungsgefühl und die Großzügigkeit, die gibt, ohne etwas zurückzuerwarten oder »nachzurechnen«, und zwar nicht nur unseren Freunden gegenüber, sondern allen Wesen in unserer Umgebung, auch unseren Feinden.

11

Weil wir uns als feste Einheit wahrnehmen, unterscheiden wir zwischen uns und anderen. Dies ist die grundlegende Unwissenheit.

12

Um unsere negativen Gefühle zu überwinden, müssen wir unseren Verstand einsetzen. Wir müssen dies lernen, um mit diesen Kenntnissen unsere positiven Gefühle wie Mitgefühl, Güte, Vertrauen und Wohlwollen stärken zu können.

13

Unser persönliches Glück und unser persönliches Leid sind eng mit Glück beziehungsweise Unglück aller Wesen verknüpft. Sich dieser wechselseitigen Verbundenheit bewusst zu werden, führt dazu, dass sich ein natürliches Gefühl von Offenheit, Zuneigung und Freundlichkeit gegenüber anderen Wesen einstellt.

14

Die buddhistische Art der ethischen Disziplin beruht auf Nachdenken und Analyse. Daher ist sie auch leichter einzuhalten als ein Regelwerk von Vorschriften, das sich nur auf die Angst vor Strafe stützt. Wahre ethische Disziplin beruht auf der Einsicht in die letztendlichen Konsequenzen unseres Handelns.

15

Spiritualität heißt für mich, sich für andere einzusetzen. Eine spirituelle Revolution kann nicht von äußeren Ursachen kommen, von Computern oder Veränderungen im Gehirn. Sie entsteht vielmehr aus dem Inneren, aus dem tiefen Wunsch heraus, zu einem besseren Menschen zu werden. Daran müssen wir arbeiten, denn nur so kann eine spirituelle Revolution stattfinden.

16

Ich für meinen Teil glaube, dass wir als Individuen in der Welt tatsächlich etwas bewirken können.

17

Das Prinzip der wechselseitigen Abhängigkeit der Erscheinungen lehrt uns, dass wir mit allen Wesen gleichermaßen verbunden sind. Meist vergessen wir diesen Punkt aber und machen uns keine Gedanken über die Folgen, die negatives Verhalten unsererseits auf kurze oder lange Sicht auf unsere Lebensumstände haben werden. Die überhandnehmende Ausbeutung von Tieren und Natur wird künftig zweifellos Auswirkungen auf unsere Versorgung mit Nahrungsmitteln und unsere Gesundheit zeitigen. Wenn wir darüber nur einen Moment nachdächten, würden wir mit Sicherheit ein System schaffen, das stattdessen auf Tier- und Umweltschutz setzt.

18

Wir Menschen haben alle dieselben grundlegenden Bedürfnisse. Spiritualität ist für alle Menschen gleichermaßen wichtig, doch bedarf ein Mensch, der Verantwortung für ganze Staaten oder eine Vielzahl von Menschen trägt, ihrer noch mehr als ein »normaler« Suchender auf dem Pfad, der sich von der Welt zurückgezogen hat.

19

Innere Befriedigung ist nicht von materieller oder sinnlicher Befriedigung abhängig.

20

Erwachsene, ob sie nun selbst Eltern sind oder nicht, müssen darauf achten, dass die ihnen anvertrauten Kinder so viel Zuneigung wie möglich erhalten.

21

Glaube und Vertrauen sind unverzichtbar, wenn es um das Wachstum unserer positiven menschlichen Eigenschaften geht. Sie bilden den fruchtbaren Boden, auf dem alle Samen heranreifen, die letztendlich zu positiven Erfahrungen führen.

22

Es geht nicht darum, die Bedeutung des Geldes in Frage zu stellen, sondern ihm einen angemessenen Platz im eigenen Leben zuzuweisen, es also nicht als allmächtige Gottheit zu betrachten.

23

Wir sollten unser Verständnis der Wirklichkeit erweitern. Ziel ist es, die Vielzahl der voneinander abhängigen Ursachen und Bedingungen zu erkennen, die zu einer bestimmten Situation geführt haben.

24

Die beste Art, Konflikte zu lösen, besteht darin, dem anderen Verständnis und Respekt entgegenzubringen.

25

Als buddhistischer Mönch bemühe ich mich, Mitgefühl zu entwickeln, nicht weil meine Religion dies erfordert, sondern weil die allgemeine Menschlichkeit dies für geboten erscheinen lässt.

26

Die negativen Emotionen entspringen unserem Geist. Sie beeinflussen, ja beherrschen ihn, sodass der Mensch zu ihrem Sklaven wird ... Doch der Großteil dieser Emotionen vergeht so schnell, wie er entstanden ist.

27

Die praktische Übung von Mitgefühl ist keineswegs unrealistischer Idealismus, sondern vielmehr der effektivste Weg, unsere eigenen Interessen zusammen mit denen der anderen zu verfolgen. Je mehr wir von anderen abhängig sind, desto mehr liegt es in unserem Interesse, auch deren Wohlbefinden zu sichern.

28

Der Großteil unseres Leidens rührt daher, dass wir zu viele Gedanken hegen.

29

Alle Religionen sind sich einig, dass es nötig ist, den undisziplinierten Geist mit seiner Selbstsucht und anderen Leidensursachen unter Kontrolle zu bringen.

30

Ein gutes Herz kann nicht nur von religiösen Menschen entwickelt werden, sondern von jedermann ohne Ansehen von Rasse, Religion oder politischen Überzeugungen. Ein gutes Herz kann jeder entwickeln, der sich als Teil der großen Menschenfamilie sieht und die Dinge daher aus einem weiteren Blickwinkel betrachtet.

31

Ein Vorteil spiritueller Entwicklung, der uns im Alltag nützt, ist die Ruhe und geistige Präsenz, die diese mit sich bringt.

August

1

Seien Sie Ihren Feinden gegenüber dankbar. Sie sind Ihre größten Meister. Ihre Feinde lehren Sie, sich dem Leiden zu stellen und Geduld, Toleranz und Mitgefühl zu entwickeln, ohne etwas dafür zu verlangen.

2

Die Dinge sind, wie sie sind, und nicht, wie wir sie gerne hätten. Dies zu begreifen und zu akzeptieren ist der Schlüssel zum Glück.

3

Der Buddhismus lehrt, dass der Augenblick, der dem Tod vorausgeht, von großer Bedeutung ist, weil dieser Moment die letzte Gelegenheit darstellt, uns auf die Welt der Bardos vorzubereiten – die Zwischenreiche zwischen Leben und Tod, die wir nach unserem letzten Atemzug erfahren.

4

Bei der Kindererziehung ist es wichtig, dass die Erwachsenen mit gutem Beispiel vorangehen, denn dies ist die beste Methode, um Kindern etwas beizubringen.

5

Verlieren wir das Wohl der anderen Wesen aus den Augen, ist dies so, als wären wir auf einem Auge blind.

6

Wir sollten Vertrauen zu den Menschen haben. Der Mensch ist grundlegend gut und mitfühlend, denn jeder von uns besitzt das Potenzial der Buddhanatur.

7

Vernachlässigen Sie Ihren Körper nicht, verwenden Sie aber auch nicht zu viel Sorgfalt auf ihn. Achten und pflegen Sie ihn wie ein kostbares Werkzeug, das Ihr Geist braucht, um die Erleuchtung zu erlangen.

8

Wenn wir aufhören, anderen Wesen schaden zu wollen, bewahren wir uns damit selbst vor Schwierigkeiten, denn wo wir anderen Leid zufügen, schaden wir uns selbst.

9

Hass oder Zorn hängen von äußeren Umständen ab. Sie existieren also nicht unabhängig aus sich selbst heraus. Und sie sind im Geist nicht ständig oder dauerhaft vorhanden. Daher lassen sie sich bezähmen, umwandeln und schließlich beseitigen.

10

Wir können nur dann tiefes Mitgefühl empfinden, wenn wir auch in der Lage sind, Liebe und Achtung für uns selbst zu entwickeln. Zu glauben, dass wir andere Wesen lieben können, wenn wir uns selbst ablehnen und verabscheuen, ist unsinnig.

11

Um Erleuchtung zu erlangen, ist eine korrekte Sicht der Wirklichkeit vonnöten.

12

Wenn wir eine korrekte ethische Einstellung haben und uns dementsprechend verhalten, beeinflussen wir die Welt zum Guten. Das soll allerdings nicht heißen, dass die Welt nichts weiter ist als eine Projektion des Geistes.

13

Wenn ich von Spiritualität spreche, ist damit nicht notwendigerweise eine institutionalisierte Religion gemeint. Es hat keinen Sinn, von irgendwelchen äußeren Dingen Glück und Zufriedenheit zu erwarten.

14

Wenn wir dem spirituellen Pfad folgen, werden Entschlossenheit und der Wunsch nach Veränderung fest und unerschütterlich, sodass wir lernen, unseren Geist in jeder Situation umzuwandeln – im Berufsleben, in der Familie oder im Alltag.

15

Wir sollten darauf achten, dass wir niemandem Unrecht tun, weder Hochmut noch Neid empfinden und uns nicht ständig darüber Gedanken machen, ob wir jetzt viel oder wenig verdienen. Sobald diese negativen Emotionen sich in uns nicht mehr breitmachen können, verändert sich unser Geist.

16

Der Erleuchtungsgeist ist die innere Haltung, bei der man sich selbst vervollkommnet, um anderen zu helfen, und über die Vergänglichkeit in all ihren Formen meditiert. Ich kann sie allen Menschen nur wärmstens ans Herz legen.

17

Gleichmut bedeutet, allen bedingungslos und ohne jeden Unterschied Glück zu wünschen, selbst wenn Sie wissen, dass jemand Ihnen schaden will. Doch das berührt Sie nicht, weil Sie geistigen Frieden erlangt haben. Was Sie allerdings nicht daran hindert, alles zu tun, damit der Schaden nicht eintreten kann. Doch Sie tun dies ohne Hass, ohne Zorn und ohne negative Gefühle.

18

In demokratischen Ländern werden zwar gewöhnlich die Menschenrechte geachtet, die Rechte der Tiere jedoch nur in den seltensten Fällen respektiert.

19

Nur im gegenwärtigen Augenblick können wir etwas dafür tun, unseren Geist umzuwandeln und positive Emotionen hervorzubringen, die uns helfen, andere zu unterstützen.

20

Analysieren wir die Ursachen und Bedingungen, die zur Entstehung eines Problems geführt haben, erkennen wir, dass wir sie gar nicht alle abschätzen können. So nehmen wir das Problem aus einem größeren Blickwinkel wahr und hören auf, unser Glück oder Unglück auf einen Sachverhalt oder einen Menschen zurückzuführen.

21

Die Umsetzung einer umfassenden universellen Ethik wäre eine echte spirituelle Revolution, die auf den positiven Eigenschaften des Menschen beruht: Mitgefühl, Liebe, Toleranz, Achtung und Verantwortungsgefühl.

22

Der Geist ist der Schöpfer unserer Welt, in jedem Augenblick.

23

Wenn wir die Absicht hegen, jemandem zu schaden, im Moment aber unsere harschen, verletzenden Worte zurückhalten, hindert dies unser Denken nicht daran, sich dem anderen Menschen gegenüber in Feindseligkeiten zu ergehen. Wir hegen tatsächlich den Wunsch, diesem Menschen zu schaden, und verhalten uns heuchlerisch. Unser Denken steht nicht im Einklang mit unserem Handeln. Im Buddhismus geht man davon aus, dass die Motivation Ethik und Karma bestimmt.

24

Ich vergleiche die Medien unserer modernen Gesellschaft gerne mit einem Elefanten, der mit seinem langen Rüssel überall herumschnüffelt. Die Medien sollten Ungerechtigkeiten aufdecken und öffentlich machen, was in unserer Gesellschaft nicht funktioniert.

25

Menschen mögen nicht, wenn man sie belügt, betrügt oder bedrängt ... Der Grund dafür ist, dass diese Art des Handelns nicht dem Wesen des menschlichen Geistes entspricht. Wer also auf Täuschung setzt, mag kurzfristig beachtliche Ergebnisse erzielen, doch am Ende werden diese keinen Bestand haben.

26

Alles ist miteinander verknüpft. Nichts existiert nur für sich allein.

27

Auf der menschlichen Ebene mache ich zwischen Staatsoberhäuptern und einfachen Menschen keinen Unterschied. Letztlich sind wir alle Geschwister.

28

Die Erscheinungen der Welt und des Geistes existieren nicht unabhängig von unserer Wahrnehmung.

29

Wenn Sie Probleme im Beruf haben oder eine besonders schwierige Situation meistern müssen, sollten Sie sich vorstellen, dass Sie selbst für die Schwierigkeiten, die Sie jetzt erleben, verantwortlich sind, da Sie die entsprechenden Ursachen geschaffen haben. Natürlich löst dies Ihre Schwierigkeiten zunächst einmal nicht, doch diese Art von Überlegung erlaubt Ihnen, gleichsam einen Schritt zurückzutreten und das Problem in einem anderen Rahmen zu betrachten.

30

Wollen wir Hass und Zorn beseitigen, ist es nötig, dass wir sie in ihrem jeweiligen Zusammenhang erkennen, dass wir die Umstände analysieren, unter denen sie entstehen, und ihren Sinn begreifen. Denn wenn wir dauerhaftes Glück erlangen wollen, müssen wir unseren Geist von negativen Emotionen reinigen.

31

Unsere Unwissenheit und unsere mangelnde Einsicht sind verantwortlich dafür, dass wir stets unser eigenes Unglück verursachen. Unser Geist reibt sich ruhelos auf zwischen dem, was wir wollen, und dem, was wir nicht wollen.

September

1

Nichts und niemand kann einen Menschen unglücklich machen, dessen Geist klar und frei von störenden Gefühlen ist.

2

Gedanken und Gefühle sind nicht per se positiv oder negativ, sondern werden von der Absicht geprägt, die dahinter steht. Diese Absicht ist es, die Ihr Karma beeinflusst, das Gesetz von Ursache und Wirkung, das Sie glücklich oder unglücklich sein lässt.

3

Einen Aspekt der Ethik vernachlässigen wir meist, obwohl er sehr wichtig ist: nämlich das Verhalten, das wir uns selbst gegenüber an den Tag legen.

4

Der gegenwärtige Augenblick lässt sich nicht festhalten. Nichts auf dieser Welt ist von Dauer, nichts existiert aus sich selbst heraus.

5

Mitgefühl ist der beste Arzt für den Geist. Es macht ihn frei von allen Anhaftungen und zerreißt die Fesseln der störenden Emotionen.

6

Als verantwortlicher religiöser Würdenträger ist es meine Aufgabe, stets dafür zu sorgen, dass die Lehren meiner Tradition für jeden Interessierten in passender Form zugänglich sind, sodass sie sich auf das moderne Leben anwenden lassen.

7

Verfallen Sie nicht in Verzweiflung über die Ungerechtigkeit des Lebens, wenn Sie in eine schmerzhafte Situation geraten. Denken Sie vielmehr an all jene Menschen, die in einer ähnlichen Lage sind. Schon haben Sie Ihren Blickwinkel erweitert.

8

Die meisten Menschen wissen nicht, wie viel Freude es bereitet zu geben. Dass materielle Güter nicht nötig sind, um anderen ein Lächeln zu schenken und sie damit glücklich zu machen, entzieht sich ihrer Kenntnis.

9

Jedes Lebewesen hat das Recht auf ein Leben frei von Leid. Damit dies möglich wird, sollten wir daran arbeiten, bessere Menschen zu werden, damit wir anderen als Beispiel dienen können.

10

Erziehung besteht nicht nur in der Ausbildung des Verstandes. Auch die Intelligenz des Herzens und die menschlichen Qualitäten wie Mitgefühl, Freundlichkeit, Wohlwollen und Verantwortungsgefühl der Kinder müssen geschult werden.

11

Machen Sie Ihre Anhaftung an das eigene Leid zur Opfergabe, um all jenen, die sich in der gleichen Situation befinden, zur Freiheit vom Leiden zu verhelfen. Anfangs scheint dieser Schritt sehr schwer durchführbar zu sein, doch wir lernen dabei, weniger egoistisch zu sein, und schließlich stellen wir fest, dass wir wahren geistigen Frieden erlangt haben.

12

Wenn jemand die Gabe des Eifers besitzt und sich nicht entmutigen lässt, wird er in allem Erfolg haben.

13

Wir alle wollen glücklich sein. Niemand will wirklich leiden. Dies müssen wir begreifen, wenn wir unseren Geist umwandeln wollen.

14

Unser Geist gewinnt an Kraft, wenn wir uns um andere kümmern.

15

Vertrauen in sich selbst und die eigenen Qualitäten zu haben heißt nicht, dass wir hochmütig sind. Es ist ausgesprochen wichtig, auf uns selbst und unsere Fähigkeiten zu vertrauen.

16

Allen Wesen Gutes zu tun wird uns nur gelingen, wenn wir uns dabei auf die Regeln der ethischen Disziplin stützen, die uns helfen, ein aufrechtes, rechtschaffenes und ehrliches Leben zu führen.

17

Die vollständige Entmilitarisierung der ganzen Welt ist einer meiner liebsten Träume. Leider ist noch nicht viel daraus geworden ...

18

Störende Emotionen verschwinden so schnell, wie sie gekommen sind. Was aber nicht heißt, dass wir ihre Macht, die für uns und andere Wesen so zerstörerisch ist, nicht zu fürchten bräuchten.

19

Können Sie ein Objekt oder eine Situation aus verschiedenen Blickwinkeln betrachten, entwickeln Sie eine von Einsicht getragene Haltung den Dingen gegenüber und legen jede zwanghafte Reaktion ab.

20

Unsere Wünsche werden nie an Grenzen stoßen, wenn sie sich auf das Erkennen des Geistes und die Entwicklung unserer menschlichen Qualitäten beziehen.

21

Die störenden Emotionen, die unseren Geist verdunkeln, hindern uns daran, die Folgen unseres Handelns klar zu erkennen. Nur deshalb sind wir in der Lage, anderen Wesen Schaden zuzufügen. Wenn wir unseren Geist umwandeln wollen, müssen wir alle schädlichen Geistesfaktoren in uns auflösen.

22

Die Demokratie beruht auf der Gewaltenteilung. Es ist von entscheidender Bedeutung, dass Exekutive, Gesetzgebung und Rechtsprechung scharf voneinander getrennt bleiben. Nur die Gewaltenteilung schützt uns vor machtbesessenen Herrschern.

23

Die vier Eigenschaften, die keine Grenzen kennen, sind: Liebe, Mitgefühl, Mitfreude und Gleichmut.

24

Wenn unser letztendliches Ziel ist, so viel als möglich für andere zu tun, ihnen so viel Gutes als irgend möglich angedeihen zu lassen, dann müssen wir in jedem Augenblick unseres Lebens tun, was wir können, um diese Fähigkeit zu verwirklichen.

25

Die Erfahrung der Verbundenheit mit allen Wesen steht uns allen offen. Sie hängt nicht von der Zugehörigkeit zu einer bestimmten religiösen oder philosophischen Tradition ab.

26

Die Erde ist wie eine Mutter zu uns. Was wir ihr auch antun, sie nimmt alles hin. Daher müssen wir uns selbst beschränken.

27

Wenn Sie sich vergegenwärtigen, dass Sie für alles, was Sie erleben, selbst die Ursachen gelegt haben, steigt die Motivation, alles Ihnen Mögliche zu tun, um nicht durch wenig nützliche Gedanken oder Handlungen neues Karma anzusammeln.

28

Echte Praxis zeigt sich nicht im Tempel oder Schrein, sondern draußen im Alltag, dort, wo wir auf das wahre Leben stoßen, auf Menschen, die in uns Hass, Liebe, Mitgefühl, Verlangen wecken können ...

29

Es ist von entscheidender Bedeutung, dass wir uns nicht von der Welt abkehren, wenn wir anderen Wesen beistehen wollen. Dazu müssen wir uns auf die Verhältnisse und die Zeit, in der wir leben, wirklich einlassen.

30

Wir sind fähig, anderen Wesen gegenüber Zuneigung, Liebe und Mitgefühl zu entwickeln, wenn wir uns bewusst machen, dass wir die unbegrenzte Fähigkeit zur menschlichen Zuwendung besitzen.

Oktober

1

Zögern Sie nicht zu vergeben, wenn ein anderer Sie verletzt hat. Wenn Sie darüber nachdenken, was diesen Menschen dazu getrieben hat, werden Sie feststellen, dass es sein eigenes Leiden war und nicht der bewusste Vorsatz, Ihnen zu schaden oder wehzutun.

2

Wer seinem Geist Zügel anlegen kann, lebt mit sich und den anderen Wesen in Frieden. Seine innere Zufriedenheit verlässt ihn nicht, unter welchen Umständen auch immer.

3

Viele erfolgreiche Freiheitsbewegungen, die in jüngerer Zeit entstanden sind, bringen die tief verwurzelten Gefühle der Menschen zum Ausdruck. Dies sollte uns daran erinnern, dass die Wahrheit in unserem politischen Leben immer noch nicht vollständig angekommen ist.

4

Haben wir das Gefühl, unsere Zeit nicht zu verschwenden, dann haben wir allen Grund zur Freude.

5

Es ist sehr wichtig, stets seinen Geist zu beobachten, um nicht in den Würgegriff von Gier und anderen störenden Gefühlen zu geraten.

6

Im Buddhismus haben wir zwei Begriffsebenen entwickelt, um diese Wirklichkeit besser zu verstehen. Man spricht von den zwei Wahrheiten, der relativen und der absoluten Wahrheit. Die relative Wahrheit ist das, was wir ständig mit unseren Sinnen wahrnehmen. Die absolute Wahrheit entzieht sich jeder Beschreibung, weil sie jenseits aller Konzepte liegt. Den Lehren zufolge ergänzen die beiden Ebenen der Wahrheit einander. Sie sind untrennbar miteinander verbunden wie die Flügel eines Vogels, der beide braucht, damit er fliegen kann. Die Wirklichkeit spiegelt sich in diesen zwei Ebenen der Wahrheit wider.

7

Für einen Menschen mit wahrem Mitgefühl sind Freund und Feind gleich. Wenn Sie diese Stufe der Praxis erreicht haben, machen Sie keinen Unterschied mehr zwischen den Wesen. Sie wollen, dass es allen gut geht.

8

Es kommt vor, dass wir anderen Schaden zufügen, ohne uns dessen bewusst zu werden. Die karmischen Folgen aus einer solchen Handlung unterscheiden sich von jenen, die ein bewusster Akt nach sich zieht. Karmische Folgen entstehen aus der Absicht, die wir mit einer Handlung beziehungsweise einem Gedanken verbinden.

9

Ohne Notwendigkeit viel zu reden ist so, als würden wir unseren Garten vom Unkraut überwuchern lassen.

10

Das Verständnis der wechselseitigen Verbundenheit ist sehr wichtig, wenn wir Phänomene wie Terrorismus oder Fanatismus begreifen wollen. Viele Menschen denken, man müsse einfach nur die Terroristen gefangen nehmen. Sicherlich sind die Taten, die von solchen Extremisten begangen werden, schwerwiegend. Es wäre eine Fehler, darauf nicht zu reagieren. Doch wir sollten wissen, dass solche Ereignisse aus einer enormen Anzahl von Ursachen und Bedingungen entstehen. Viele Menschen, die ihrer religiösen Tradition stark verbunden sind, besitzen einen recht eingeschränkten Blickwinkel, was ihre Wahrnehmung der Wirklichkeit beeinträchtigt und für ihre Haltung verantwortlich ist. Eine umfassendere Sicht, eine klarere Wahrnehmung der Dinge würde jenen Menschen sowohl auf kurze wie auf lange Sicht mehr Ruhe und Zufriedenheit schenken. Dies könnte ihnen helfen, ihre Verhaltensweisen zu ändern.

11

Dass wir mit unethischem Verhalten nicht nur anderen schaden, sondern auch uns selbst, müssen wir uns klar vor Augen führen, wenn wir eine innere Disziplin entwickeln wollen, die sich auf Einsicht und Weisheit gründet. Die höchste Stufe solch einer Ethik ist die Vorstellung, dass das Glück der anderen mehr zählt als unser eigenes.

12

Allein das Wissen, dass alle negativen Erfahrungen auf unser Karma zurückgehen, verändert unseren Blick auf den scheinbaren Feind. Er wird zur äußeren Manifestation jener Faktoren, die wir selbst geschaffen haben, was unsere Wahrnehmung zutiefst verändert. Es ist sehr wichtig, das zu verstehen, denn so lernen wir, dass wir auf Menschen oder Ereignisse nicht ablehnend reagieren. Schließlich sind nicht sie für das verantwortlich, was uns geschieht.

13

Der Mensch hat das Potenzial, Meister seiner selbst zu sein.

14

Die Welt so zu sehen, wie sie ist, ist das unverzichtbare Fundament für geistigen Frieden.

15

Sobald wir verstanden haben, dass ein Problem zahllose Ursachen hat, wird es sinnlos, beispielsweise einen Menschen für eine Situation verantwortlich zu machen, die uns Schmerz bereitet. Wir müssen lernen, dass Aussagen wie: »Es ist seine Schuld« oder: »Die Umstände sind dafür verantwortlich« vollkommen unsinnig sind.

16

Wenn wir echtes Mitgefühl haben, leiden wir nicht, sondern spüren großen Mut in uns. Der Wunsch, alles zu tun, um das Leiden der Wesen zu lindern, wird wichtiger als unser eigenes Leid. Aus diesem Mitgefühl heraus zu handeln erzeugt grenzenlose Freude.

17

Wir sollten über die Vorteile nachdenken, die wir aus einer korrekten ethischen Disziplin ziehen würden, also aus der vollständigen Aufgabe egoistischen Denkens. Wenn wir lernen, unsere Aufmerksamkeit und unser Denken in positiver Weise auf andere Wesen zu richten, entwickeln wir Schritt für Schritt die höchste Stufe der Ethik, die darauf abzielt, allen Wesen Gutes zu tun.

18

Politiker sollten ganz besonders darauf achten, welche Motivation hinter ihrem Handeln steht.

19

Alle zusammengesetzten Erscheinungen müssen sich wieder auflösen. Sie sind unbeständig, flüchtig und vergänglich.

20

Die Vorstellung, irgendetwas in der Außenwelt könne irgendwann einmal all unsere Wünsche erfüllen, ist eine Illusion.

21

Wenn man es wirklich will, ist es durchaus möglich, seinen Geist umzuwandeln, selbst wenn man weiterhin seinen alltäglichen Pflichten und Aktivitäten nachgeht und sich um Arbeit und Familie kümmert.

22

Wenn wir spüren, dass wir angespannt und ängstlich sind, sollten wir uns die Frage stellen, ob das ängstliche Ich, das uns in diesem Moment beherrscht, tatsächlich existiert. Wenn wir versuchen, die wahre Natur dieses Ich herauszufinden, schwinden Angst und Anspannung.

23

Das Gesetz von Ursache und Wirkung zu begreifen und zu akzeptieren trägt zur Entwicklung geistigen Friedens bei.

24

Wenn jemand engstirnig ist, sagt man, dass er keine Weisheit besitzt. Nur wer über eine umfassende Sicht der Dinge verfügt, kann als Weiser bezeichnet werden.

25

Wenn wir das Prinzip der wechselseitigen Verbundenheit der Erscheinungen verstanden haben, begreifen wir damit die wahre Natur der Dinge und sehen, wie die Wirklichkeit tatsächlich funktioniert.

26

Wollen wir uns innerlich wahrhaft verändern, müssen wir uns für die Einhaltung ethischer Disziplin entscheiden. Wir sollten uns diesen Entschluss nicht von außen aufdrängen lassen. Er muss aus unserer Einsicht in die günstigen Umstände erwachsen, die sich einstellen werden, wenn wir tatsächlich ethische Disziplin üben.

27

Zeigen wir Demut, so wachsen unsere positiven Eigenschaften an. Sind wir jedoch voller Stolz, rückt das Glück in weite Ferne.

28

Die mediale Berichterstattung über die positiven Aspekte in unserer Welt sollte nicht zu kurz kommen. Gewöhnlich werden nur Katastrophen zur Schlagzeile, während all die positiven und mitfühlenden Handlungen, die Tag für Tag geschehen und unser Leben beeinflussen, keine Erwähnung finden. Das ist bedauerlich, denn Berichte über positive Handlungen inspirieren die Menschen.

29

Der Buddhismus hat zahlreiche Methoden entwickelt, wie man mit störenden Emotionen umgehen kann, doch dazu müssen wir uns erst einmal dessen bewusst werden, was in unserem Geist vorgeht. Diese Mühe werden wir erst dann auf uns nehmen, wenn wir verstanden haben, aus welchem Grund wir dies tun sollten.

30

Die fünf Sinne sind an der Entstehung der Gefühle beteiligt. Aus diesem Grund beeinflussen Musik, Malerei und sakrale Kunst auch unsere Emotionen und tragen dazu bei, negative Gefühlszustände in positive umzuwandeln.

31

Wenn mütterliche Liebe keine Verirrungen erfährt, kommt sie dem wahren Mitgefühl gleich, das vollständig frei von Anhaftung ist.

November

1

Der schönste Schmuck, den Sie besitzen, sind Liebe und Mitgefühl. Wenn Sie darüber nachdenken, was Sie glücklich macht und Ihnen Wohlbefinden verschafft, dann wird Ihnen bewusst, dass das Gefühl des Glücks davon abhängt, wie weit Sie Ihre Qualitäten als Mensch entwickelt haben und wie Ihr Geist funktioniert.

2

Wenn wir lernen wollen zu geben, sollte unser erster Schritt der sein, dass wir zunächst einmal aufhören, anderen Wesen zu schaden.

3

Wir sind voneinander abhängig. Aus dieser wechselseitigen Abhängigkeit ergibt sich die Verpflichtung, allen Lebewesen zu helfen, sich vom Leid zu befreien und die Ursachen des Glücks zu schaffen.

4

Verlieren wir die Kontrolle über unseren Geist, indem wir uns Gefühlen wie Hass, Selbstsucht, Neid und Ärger überlassen, geht uns damit auch unser Urteilsvermögen verloren. Unser Geist ist wie vernagelt. In solch blinden Momenten kann alles geschehen.

5

In welcher Situation wir uns auch befinden mögen, es ist immer möglich, sie unter positiven Gesichtspunkten zu betrachten.

6

Um uns tatsächlich zu wandeln, genügt der tief empfundene Wunsch danach. Dann werden wir auch Zeit und Energie dafür finden.

7

Gleichmut bedeutet, dass man den Wesen mit Mitgefühl und Liebe gegenübertritt und alles in seiner Macht Stehende tut, um allen ohne Unterschied zur Erleuchtung zu verhelfen.

8

In der Erkenntnis unseres Geistes und der Entwicklung menschlicher Qualitäten dürfen wir unser Verlangen ins Unermessliche wachsen lassen, sodass wir uns mit dem Erreichten niemals zufriedengeben. Wie sonst sollten wir je Mitgefühl, Liebe und Toleranz entwickeln?

9

Wenn unser Geist sich wandelt, wenden wir uns stärker unseren Mitmenschen zu, unser soziales Verhalten richtet sich mehr und mehr darauf aus, anderen zu helfen.

10

Jedes Wesen ist anders geartet und besitzt unterschiedliche Anlagen. Daher lässt sich nicht so einfach sagen, was für den Einzelnen das Beste ist. Beim Erleuchtungsgeist ist dies anders.

11

Wenn wir uns der Existenz störender emotionaler Einflüsse bewusst werden, können wir Handlungen vermeiden, die negatives Karma zur Folge hätten. Wenn uns beispielsweise jemand beleidigt und wir uns im ersten Gefühl des Zorns zu unüberlegten Aktionen hinreißen lassen, werden wir von unserem Zorn »gesteuert«.

12

Das Verständnis der wechselseitigen Verbundenheit der Wesen und Erscheinungen fördert Frieden und Gewaltlosigkeit sowohl in den Menschen als auch in der Außenwelt. Die wechselseitige Verbundenheit ist eines der grundlegenden Prinzipien der buddhistischen Lehre.

13

Die Wurzel aller Probleme besteht darin, dass wir häufig nur an uns selbst denken.

14

Wenn wir wollen, dass unser Glück beständig bleibt, müssen wir die Art verändern, wie unser Geist arbeitet. Diesen Rat gebe ich all meinen Freunden.

15

Der Buddha lehrt: »Wir sind, was wir denken. Mit unseren Gedanken schaffen wir die Welt.«

16

In der Familie und in anderen sozialen Gruppen ist das Wichtigste der Dialog.

17

Die Macht, anderen zu dienen, ist eine authentische und positive Kraft. Andere Formen der Macht, insbesondere jene, die aus dem Besitz von viel Geld erwachsen, ziehen große Verantwortung nach sich. Leider nehmen dies die Träger dieser Macht nur selten zur Kenntnis. Dabei sollten sie ganz besonders darauf achten, welche Motivation hinter ihren Handlungen steht.

18

Sich keiner ethischen Disziplin zu unterwerfen bedeutet im Wesentlichen, dass man mit seinem Lebenswandel anderen Wesen Schaden zufügt. Wenn wir uns so verhalten, schaden wir nicht nur anderen, sondern legen damit auch die Samen für unser eigenes Leid.

19

Obwohl noch längst nicht alle Staaten ihre natürlichen Ressourcen schützen, obwohl Treibhauseffekt und Entwaldung immer weiter voranschreiten, wird die Idee des Umweltschutzes Schritt für Schritt zum Allgemeingut. Dies ermutigt mich, mich weiterhin für eine bessere Zukunft einzusetzen.

20

Wenn wir uns in Disziplin üben, heißt das nicht, dass wir bestimmte Handlungen unterlassen, weil sie »verboten« sind. Es geht vielmehr darum, dass wir über die Folgen nachdenken, die unser Denken und Tun auf kurze, mittlere und lange Sicht haben. Dann werden wir feststellen, dass bestimmte Handlungen nicht sinnvoll sind, weil sie für uns und andere Wesen Leiden hervorrufen.

21

Selbst das einfachste Insekt sucht Schutz vor den Gefahren, die sein Leben bedrohen. Das ist bei allen Geschöpfen des Universums so, der Unterschied liegt nur im Einfluss, den sie auf ihr Leben ausüben können.

22

Der Buddhismus lehrt uns, alle fühlenden Wesen als unsere Mütter zu betrachten und ihnen unsere Dankbarkeit zu bezeugen, indem wir ihnen unsere Liebe schenken. Denn der buddhistischen Lehre zufolge kommen wir alle immer und immer wieder zur Welt, und so ist es durchaus vorstellbar, dass jedes Wesen irgendwann einmal schon unsere Mutter war. Auf diese Weise wird verdeutlicht, dass alle Wesen im Universum miteinander in Verbindung stehen.

23

Der einzige Vorteil am Reichtum ist die Tatsache, dass wir anderen besser helfen können.

24

Unsere Fähigkeit zur Einsicht hilft uns, das Ziel der Selbstvervollkommnung zu verwirklichen, sobald wir nicht mehr von den negativen und störenden Emotionen, den Quellen des Leidens, verblendet sind.

25

Vollkommene Achtsamkeit führt zu Geistesruhe.

26

Gewöhnlich erwarten wir von einem Menschen, dem wir geholfen haben, dass er sich uns gegenüber auf die ein oder andere Weise erkenntlich zeigt. Wenn er das nicht tut, empfinden wir mitunter Zorn. Wir tragen ihm sein Verhalten nach und verspüren vielleicht gar den Wunsch, ihm zu schaden … Haben wir aber gelernt zu beobachten, was in uns vorgeht, können wir diesem Prozess noch während seines Entstehens Einhalt gebieten und die störende Emotion eindämmen, die uns mit Wut reagieren lässt.

27

Unser Leben ist ständig im Fluss, konfrontiert uns ständig mit Schwierigkeiten. Wenn wir diese jedoch mit einem klaren, ruhigen Geist angehen, sind wir in der Lage, sie erfolgreich zu lösen.

28

Jeder Mensch – ob nun mit Unterstützung eines spirituellen Meisters oder ohne – ist selbst dafür verantwortlich, diejenige Praxis zu finden, die ihm am meisten liegt und die seinen Bedürfnissen am ehesten entspricht.

29

Wenn wir die Tatsache in Rechnung stellen, dass alle Wesen Glück erfahren und Leid meiden wollen, wenn wir uns darüber hinaus noch klarmachen, dass die anderen Wesen im Vergleich zu uns zahllos sind, dann können wir daraus den Schluss ziehen, dass es sich durchaus lohnt, seine Besitztümer mit anderen zu teilen.

30

Nur wenn wir Vertrauen in unsere Fähigkeiten haben, stellt sich der Glaube ein, den wir brauchen, um Güte, Freundlichkeit, Mitgefühl und uneigennützige Liebe zu entwickeln.

Dezember

1

Jede Religion wirkt in ihrer ureigenen Weise dem Leiden entgegen und hilft beim Aufbau der menschlichen Zivilisation.

2

Wenn Sie an sich zweifeln und es Ihnen an Selbstvertrauen mangelt, denken Sie an das wunderbare Potenzial, das Sie als Mensch besitzen und das Sie immer weiter entwickeln können. Dann werden Sie ob dieses Schatzes, der in Ihnen ruht, Glück empfinden: Freude lässt sich erlernen. Üben wir uns darin.

3

Freude am Glück der anderen sollte Ihnen selbst Anlass zu Glück sein, denn wir können andere Menschen nur dann lieben, wenn wir unsere Selbstsucht vergessen. Dies wird Ihnen helfen, Vertrauen und Glauben zu entwickeln.

4

Wir können nicht glücklich werden, wenn wir unsere Illusionen der Wirklichkeit vorziehen. Die Wirklichkeit ist weder gut noch schlecht.

5

Als Buddhisten schätzen wir Tibeter das menschliche Leben als kostbares Gut ein. Wir sind der Auffassung, dass Buddhas Lehren uns einen Weg zu höchstmöglicher Freiheit weisen. Ein Ziel, das von Männern und Frauen gleichermaßen erlangt werden kann.

6

Ob wir auch unseren Feinden gegenüber zu Mitgefühl und Toleranz fähig sind, ist die eigentliche Nagelprobe für unsere moralische Stärke.

7

Wenn wir großes Glück empfinden, opfern wir dieses zum Wohle aller Wesen. So werden wir weniger egoistisch und erlangen wahren geistigen Frieden.

8

Weisheit lässt uns das Prinzip der wechselseitigen Verbundenheit verstehen. Einsicht lässt uns die wahre Natur der Dinge begreifen.

9

Karma und Schicksal sind nicht dasselbe. Wir müssen aus unseren Lebensumständen lernen, damit wir darauf positiv und verantwortungsvoll reagieren können.

10

Wenn wir ein Problem auf seine zahllosen Ursachen zurückführen, sehen wir klarer, was geschieht, und sind von äußeren Umständen weniger abhängig.

11

Wenn wir unser Karma beenden, also das Gesetz von Ursache und Wirkung steuern wollen, das den Kreislauf der Wiedergeburt beherrscht, müssen wir die grundlegende Unwissenheit beseitigen, welche unser Leben beherrscht.

12

Wir sind allein verantwortlich für das, was uns widerfährt, sei es nun gut oder schlecht. Das ist das Gesetz des Karmas, das Gesetz von Ursache und Wirkung, das für alle Erscheinungen gleichermaßen gilt.

13

Wenn wir unser grundlegendes Unterscheidungsvermögen und unsere Kreativität nicht einsetzen können, beraubt man uns eines der wichtigsten Merkmale unseres Menschseins.

14

Wenn wir uns von unseren negativen Gefühlen lenken lassen, ist es uns nicht mehr möglich zu überlegen, was im Einzelfall am besten zu tun wäre. Folglich sind wir in unserem Handeln nicht mehr frei.

15

Wollen wir unseren Geist zähmen, so setzt dies voraus, dass wir genau wissen, warum wir diesen Weg gewählt haben. Dies stärkt unser Vertrauen und unseren Glauben.

16

Geld kann unsere wesentlichen Bedürfnisse nicht erfüllen. Am wichtigsten sind ein gesunder Geist, der in positiver Weise arbeitet, sodass unser Herz Frieden empfindet. Der Rest kommt dann von allein.

17

Die einzig wirkliche Macht, über die wir verfügen, ist die Macht, anderen zu dienen.

18

Wenn der Verstand von guter Motivation gestützt wird, ist er ein ungemein kostbares Werkzeug.

19

In Anerkennung der Tatsache, dass die Menschen unterschiedliche Bedürfnisse, Anlagen und Fähigkeiten besitzen, geht Buddha davon aus, dass es viele Wege zum Glück gibt.

20

Ihr tägliches Tun und Lassen spiegelt Ihr Denken und Fühlen wider.

21

Wer sich einer neuen Religion zuwendet, sollte darauf achten, sich nicht von seinem Umfeld abzukoppeln. Er sollte weiterhin innerhalb seiner Gemeinde und in Harmonie mit deren Mitgliedern leben.

22

Wir als Menschen leben in Gesellschaft. Daher sollten wir versuchen, das Leiden unserer Mitmenschen zu teilen und nicht nur unseren Lieben, sondern auch unseren Feinden gegenüber Mitgefühl und Toleranz walten zu lassen.

23

Der Moment, der dem Tod vorangeht, ist vor allem deshalb bedeutsam, weil wir in dieser Sekunde die Zügel unseres künftigen Lebens in der Hand halten.

24

Möge ich in jedem Augenblick meines Lebens dazu beitragen, alle Lebewesen vom Leiden und seinen Ursachen zu befreien. Möge ich ihnen helfen können, das Glück und seine Ursachen zu erfahren.

25

Allen Wesen zu helfen heißt, dass wir auf die Ursachen des Leides, das in uns selbst entsteht, positiven Einfluss nehmen müssen. Das ist die wahre Bedeutung des Prinzips der wechselseitigen Abhängigkeit aller Wesen.

26

Der Zwang zur Zusammenarbeit angesichts unserer globalen Probleme kann die Menschheit nur stärker machen. Er hilft uns zu erkennen, dass die sicherste Grundlage für die Weltordnung keine neuen politischen Allianzen sind, sondern die praktische Umsetzung von Liebe und Mitgefühl durch den Einzelnen.

27

Liebe und Mitgefühl sind die letztendliche Quelle menschlichen Glücks. Unsere Sehnsucht danach ist der innerste Kern unseres Wesens.

28

Kein Regierungssystem ist vollkommen, doch die Demokratie kommt unserer menschlichen Natur zweifellos am nächsten. Es liegt also in unserem Interesse, dass jene Menschen, die das Recht auf Demokratie bereits ausüben können, sich aktiv dafür einsetzen, dass alle Menschen ihre demokratischen Rechte wahrnehmen können.

29

Ethische Disziplin (Sanskrit shila), Meditation (Skrt. samadhi) und Weisheit (Skrt. prajna) sind die Faktoren, die zur Erleuchtung beitragen. Diese Faktoren ergänzen einander.

30

Wir streben nicht nur alle gleichermaßen nach Glück und Leidfreiheit, sondern jeder von uns besitzt auch das gleiche Recht auf diese Dinge.

31

Möge ich mich stets daran erinnern, dass Mitgefühl mit allem, was lebt, bei mir selbst beginnt.

Bibliographische Notiz

Die Zitate dieses Bandes sind den folgenden, bei Diederichs erschienenen Titeln entnommen:

Dalai Lama: Der Weg zum inneren Frieden. Eine Meditation über die Vier Edlen Wahrheiten des Buddha. Kreuzlingen/München 2004

Dalai Lama: 108 Perlen der Weisheit. Auf dem Weg zur Erleuchtung. Kreuzlingen/München 2007

Dalai Lama: Freiheit für Tibet. Kreuzlingen/München 2008